Werner Saemann

DER ERDE ENTRISSEN

Werner Saemann

DER ERDE ENTRISSEN

Gedichte

Helmut Seubert Verlag

Nürnberg 2005
© Helmut Seubert Verlag
Alle Rechte beim Autor

Nachdruck, auch auszugsweise,
nur mit Genehmigung des Verfassers

Titelbild:
Plastik „Modern(d)er Krieger", gefertigt vom Autor

ISBN 3-926849-31-2

INHALT

I. ZWISCHEN DIR UND MIR..............Seite 10 - 33

Folglich..10
Mensch, der Paul..................................11
Modern(d)er Krieger............................12
Abendläuten..13
Medienschlacht....................................14
Nur noch ein Bild 15
Mittags in der Stadt..............................16
Elke vormals..17
Rosetta...18
Liebesfrühling......................................19
Wie Hund und Katz..............................20
Osterei mit Häschen drin 21
Plüschtierchen.....................................22
Vergessen, zerfressen...........................23
Frankiboy...24
Scheiben..26
Freundschaft 27
Liebesplatz...28
Am Bahnhof 29
Wir 30
In Ordnung..31
Sohnes Lied 32

II. DAUER UND WECHSEL ....Seite 34 - 65

Baum...34
Frühling in Franken 35
Hochwasser...36
Schlehenblüten....................................37
Karfreitag...38
Waldamsel...39
Duftend..40
Maibaum..41
Opferfleisch...42

Sommerazalee 43
Lindenblüte 44
Gipfelerlebnis 45
Himmlisch 46
Glanz 47
Unterm Schattenbaum 48
Begrenzt – bekränzt 49
Zukunftsmusik 50
Letzte Erinnerung 51
Bimberla 52
Adam und Eva 55
Schuft 56
Dorfgeräusche 57
Erleichtert 58
Winterrot 59
Alle Jahre wieder 60
Schneeflocken 61
Christbaum 62
Haiku 63

III. DIE WUT IST JUNG .... Seite 66 - 95

Macher 66
International Space Station 67
Im Wege 68
Autobahn 69
Kilometerfresser 70
An der Maschine 71
Sicherheitsmaßnahmen 72
Leerlauf 73
Bethlehem 74
Parlamentsdebatten 75
Haus im Grünen 77
Banken 78
Wie lange? 79
Zugvögel nicht 80
Trinkwasser 81
Das bringt nichts 82
Schlimme Rauchzeichen 83

Umbruch 84
Club of Rome 1972 85
Blutiges Konfetti 86
Ende des Sommers 87
Irakkrieg 88
Heiliger Krieg 89
Der viereckige Drache 90
Nichts für Kinder 91
Samstagsläuten 92
Der Papst ist krank 93
Beim Boss 94
Global Song, deutsch 95

IV. WIE MIR DER SCHNABEL
GEWACHSEN IST ....Seite 96 – 101

Hulzköpf 96
Des Hochdaitsch 97
Ä alts Sträßla 98
Kerwaständerla 99
Ä gouts Sitzflaisch 100
Froue Osdern 101

V. SPIEGLEIN, SPIEGLEIN ....Seite 102 - 120

Bauernregel 102
Künstler 103
Bevor ich bin 104
Bestimmung 105
Mensch Zeit 106
Ritter und Tod 107
Was sicher kommt 110
Tablettenzeit 111
Im Wartezimmer 112
Hirnriss 113
Personare 114
Inspiration 115
Anima 116

Tageslieder 117
Kein Vergleich 118
Los 119
Abendsonne 120

GELEITWORT
Rüdiger Jung .... Seite 121

DANKSAGUNG .... Seite 126

ZUM AUTOR .... Seite 127

I. ZWISCHEN DIR UND MIR

Folglich

Über Geschmäcker
läßt sich nicht streiten.
Nach Senf schmeckt Käs bitter
nach Torte Wein sauer
nach Zwiebel Most süß
nach Streit Liebe himmlisch
nach Not lacht das Glück.
Wiederholung ist möglich
doch kein Zurück.

23.12. 2001

Mensch, der Paul

Mensch. der Paul, der zieht vom Leder.
Nein, so reimen kann nicht jeder.
Ist es auch nicht immer dicht,
Paul bewahrt sich sein Gesicht.

Doch, das freut mich alten Rocker,
zieht der Paul mich fast vom Hocker.
Laß uns reimen, dichten, Sätze biegen,
nur die Freundschaft nicht bekriegen!

Sind, o Paul, die wahren Künstler nur die Frommen?
Dieses Maß wär mir zu eng genommen.
Wer bestimmte dann, was fromm sei, oder nicht?
Seh ich doch, wie Kunst aus allem Leben bricht.

3.1. 2001

Modern(d)er Krieger

Altholz und Eisen
vom fleißigen Menschen
der Erde entrissen
zum Krieger gestaltet
erscheint er veraltet.

Sein Schwert ist kein Schwert
sein Dolch kein Dolch
Strohmesser die Hippe
nur lächerlich ist er
ein leeres Gerippe.

Von Kriegen unstillbar
gebläht ist sein Darm.
Herz hat er keines
nur sinnlose Räder
und nur einen Arm.

Blind steht er in Ketten
erstarrt in der Pflicht.
Sein Kopf ist nur klein
mehr braucht er nicht
um Krieger zu sein.

17. 2. 2002

Abendläuten

Mich wundern alle Leute
in diesem kargen Feld.
Klingt diese Glocke heute
durchdringt sie unsre Welt.

Mit freundlichem Getöne
mahnt sie zu Liebe und Ehr,
zu beten für Töchter und Söhne,
für Mütter und Väter noch mehr.

Mich wundert unser Leben
in diesem kargen Feld.
Wir würden noch schwerer fehlen,
wenn diese Glocke nicht schellt.

Hell klingt uns ihr Geläute,
es drängt uns zum Gebet -
schrecklich, wie schnell uns die Freude
zu Liebe und Ehre - verweht.

20. 9. 2002

Medienschlacht

Reiß dich los vom Flimmerbild
nur fremder Unterhaltung!
Sei ungehalten mitteilsam
nach eigener Gestaltung!

In dir brennt die eigne Welt,
der Schatz deiner Erfahrung.
Fass ihn in Formen, schenke ihn
gemeinsamer Bewahrung!

Bring dich ein zum Wettbewerb!
Hier gibt es keinen Sieger -
Wir knüpfen einen Teppich nur
als Menschengeistes Krieger.

28. 1. 2002

Nur noch ein Bild*

Der bunte Garten vor Jahren
gepflegt von der lieben Oma
besucht mit der blonden Gisa
bestaunt von mir und gemalt.

Wo Tulpen und Rosen schwankten
das kleine Häuschen bewachten
den Eingang zierlich bedachten
ist Dickicht heute und kalt.

Ward Jahr für Jahr überwachsen,
nachdem die Oma gestorben
die blonde Gisa verdorben,
von grünender Macht erdrückt.

Ist schichtweise untergegangen
jahrweise das bunte Leben.
Kann keinen Anfang mehr geben
nur noch ein Bild das beglückt.

7. 8. 2002

* Das Titelmotiv von "Das bunte Leben" heute.

Mittags in der Stadt

In der mittleren Flut
die steigt, wenn es zwölf Uhr wird
traf ich manchmal mein Mädchen.

Dann wateten wir
von Insel zu Insel uns rettend
in der Hast einer Mittagspause.

Hin und her gezerrt
zwischen Reifenquitschen
und sonst was Buntem.

Hier gibt es keine Wiesenwege
und kein Entrinnen
auch nicht in alte Hinterhöfe.

Selbst dort erzittern
die kühlenden Mauern
zu dieser Stunde.

Als die Sonne sich schämte
durch so viel Ruß zu scheinen
verlor ich mein Mädchen.

10. 8. 1960

Elke vormals

Dunkle Glut
gefasst in Indigo
wild und ungelöscht
treibt, wogt
sprengt jede Form
lässt uns suchen
nach neuen Ufern
sehnt sich nach Grün
Lichter sind gesetzt
nie sah ich Schöneres
Magma
Mutter und Zukunft
das Wort vom Neubeginn.

11. 6. 1975

Rosetta

Auf einem grünen Feld
wächst die weiße Taube
als blauer Schmetterling
schwingt sich empor
wo zwei sind
Liebe

Mit dem reinsten Rot
gleitet hinab
oh, Sonne!

Ach, sie vergaß ihre Flügel
da liegen sie
orangene Lanzenspitzen
stechen ins Herz

Du zartestes Abendrot
kannst doch nicht ohne Flügel –

Stahlharte Straße schneidet
scheidet

Kleine Weiher
mit traurigen Augen
blicken nach oben
wo alle sind

Meine Taube
mein Schmetterling
meine Rosetta
oh, Abendwolke

Sommer 1958   (mit dem Fahrrad nach Stuttgart)

Liebesfrühling

In Stunden zieht die Sonne
Den Trauerflor des Winters auf.
Das Land erblüht in neuen Farben.
So nimmt die Liebe ihren Lauf.

Sie weitet Horizonte,
Dem Herz wird Unerreichtes nah.
Ein Frühlingsglanz hat euch umwoben.
Ihr schafft das nicht, denn es geschah.

Im Erdreich treiben Keime.
Die Hoffnung drängelt sich zum Licht.
Gedanken stürmen himmelan.
Die Liebe duldet andres nicht.

Der Sinn ist euch bescheiden.
Ihr findet euch beim ersten Blick.
Erste Schritte werdet ihr getragen
Und fühlt - ihr wollt nicht mehr zurück.

1. 4. 2001

Wie Hund und Katz

Ich hör' es, doch ich glaub es nicht
obwohl man häufig davon spricht
daß Hund und Katz' sich nicht verstehn?
Bei meinen kann ich das nicht sehn.

Sie lecken sich und strecken sich
begrüßen sich und necken sich
fressen all aus einer Schüssel.
Ich glaube, darin liegt der Schlüssel:

Die gemeinsame Gewöhnung
braucht frühzeitige Versöhnung.
Denn wer sich von klein auf kennt
später sich nicht „Feinde" nennt.

4. 2. 2001

Osterei mit Häschen drin

Auf meinem Schreibtisch steht ein Osterei.
Ist zwar ein Blödsinn, aber doch ganz nett.
Der Frühling ging - der Sommer ist vorbei.
Ich fand den Mut nicht, dass ich dir's gegeben hätt'.

Mein Kind, ich wollte nie, dass man uns trennt.
Nun ist schon soviel Zeit vergangen -
Und fühle doch wie Vaterliebe brennt.
Wie geht es dir, hast du auch nach mir Verlangen?

Gräben voller Lügen sind zwischen uns geschichtet.
Doch eines Tages sind sie davon voll.
Wir geh'n darüber, die Augen fest auf uns gerichtet.
Weil niemand dich und mich noch trennen soll.

24. 09. 2001   für meine Tochter Lisa

Plüschtierchen

Hundert Teddybärchen
erzählen keine Märchen,
sie sitzen still und stumm
auf meinem Bett herum.

Nur ich weiß ihre Namen,
die sie von mir bekamen.
Ich wünsche mir auch sehr,
sie werden immer mehr.

Doch wenn ich traurig bin –
sie hören gar nicht hin.
Und will ich lustig sein –
sie lassen mich allein.

Ach, Mama, schenke mir
einmal ein echtes Tier!
Das atmet, schnurrt und faucht,
das mich auch wirklich braucht.

Das mit mir lacht und springt
und mir sein Bällchen bringt.
Das selber etwas will -
Plüschtierchen sind so still.

Rosenmontag 2001

Vergessen - zerfressen

Als ich in die Scheune geh,
weiss nicht mehr, was ich suchte,
in alte Umzugskisten seh –

ergreift mich tiefer Schreck.
Da liegt der große Teddybär
in einem Haufen Mäusedreck.

In seinem Arm da klafft ein Loch
als eine tiefe Wunde –
Ich schäme mich: Ach, hätt' ich doch

mich längst um ihn gekümmert.
Er schaut mich stumm und traurig an –
mir ist, als ob ein Kindlein wimmert.

17. 4. 2002

Frankiboy

Ich bin der Frankiboy
ich rauche gern das Heu
denn das ist pur Natur
ich rauche es ja nur.

Mit meinen Kumpels hier
ole, da qualmen wir.
Das macht mir gar nichts aus
ich bin der Herr im Haus.

Ich bin der Frankiboy
ich rauche gern das Heu.
Ich träume vor mich hin.
Das ist mein Lebenssinn.

Hab eine junge Frau
mit der ich Fernseh'n schau.
Die hab ich herbestellt
aus einer fernen Welt.

Ich bin der Frankiboy
ich rauche gern das Heu.
In jedem Bett `ne Katz
da brauch ich keinen Schatz.

Ich arbeite mit Fleiß
das Heu hat seinen Preis.
Ich lebe wie ein Schneck
den ich in mir versteck.

Ich bin der Frankiboy
ich mache alles neu.
Ich mache, was ich will
und das ist gar nicht viel.

Ich bin der Frankiboy
ich bleib dem Heu stets treu.
Wer mir nicht glauben kann
den lüg ich eben an.

14. 9. 2004

Scheiben

Schaue hinaus
durch die Scheiben
aber glaube nicht
du könntest hinaus gehen
kaum draußen
sind da neue Scheiben
und dahinter wieder welche
soweit du auch reisen
fahren fliegen magst
sind immer neue Scheiben.

Niemals
kommst du richtig hin
in deine Umgebung
die dich umgibt
du kannst nicht eindringen
solange du ein Ich bist.

Leuten die sagen
sie könnten hindurch greifen
oder Scheiben durchbrechen
darfst du nicht glauben
aus gewohnten Gründen
möchten sie meinen
aber bleiben wie alle:
Durch Scheiben getrennt.

3. Mai 2003

Freundschaft

Wer wärst du -
ohne das Klingen und Reifen
gleichartiger Seelen
ohne den Reichtum
gemeinsamen Suchens?

Wer wärst du -
ohne die Freude der Herzen
die Wärme der Treue
das Treiben und Tauschen
der tiefsten Gedanken?

Wie kämst du -
aus anderem Hause stammend
zur Glut des Vertrauens
vereinigter Flammen
ohne die Freundschaft?

Wie unreif
müsstest du bleiben, vereinsamt
verirrt, vegetierend
schon tot in dir selber
ohne jemals zu blüh'n.

1. 1. 2002

Liebesplatz

Wald, Haarkleid der Erde
lockig und üppig, ein Dom
weiter Himmel darüber

Allerlieblichste
zwei Hügel sommerheiß
erwarten uns dort

Hinter dem grünen See
im Dunkel des Waldes
öffnet der Pelz sich

Erblüht die Knospe
zum schönsten Gesang
für dich und mich

Im Nachklang wir zwei
voll seligem Frieden
entschlummern auf Moos

1. 8. 2004

Am Bahnhof

Du wolltest nicht fort
beim Abschied.
Ich hatte den Schmerz
hinter mir.

Ich fühlte mich leicht,
voller Freude.
Meine Zukunft - liegt
nun in dir.

26. 3. 2002   für meinen Sohn Joni

Wir

Unvorstellbar
die Tage, die Nächte
wenn du nicht mehr
die Türe öffnest:
"Ich bin da-a."

Unvorstellbar
die Tage, die Nächte
wenn ich nicht mehr
antworten werde:
"Ich bin hi-er."

19. 12. 2004   für Adelheid

In Ordnung

Wo nicht viel los ist
ist es am Schönsten
ist das Wichtigste
an seinem Platz:

Mein Kopf auf mir
ich auf dem Stuhl
mein Stuhl im Gras
Gras in der Erde
Erde an der Sonne
Sonne in der Milchstraße
und die Milchstraße
ist auch nicht allein -

alles geht lautlos und
kostet rein gar nichts.

9. 5. 2003

Sohnes Lied

Ein Mann, ein Fels,
gelernter Dreher,
Techniker und Ingenieur,
voller Intelligenz
mit den schönsten Händen, die ich sah.
Künstler wollte er nicht sein,
aber er war es, voller Gefühl.
Er konnte zeichnen und malen,
fuhr Eiskunstlauf, war Leichtathlet,
spielte Geige und Akkordeon und, und -
Mein Vater, was konntest du nicht ?!

Warst Atheist und Pazifist.
Warst nicht in der Partei,
Polizist erst nach dem Krieg.
Hast niemanden erschossen.
Flohst allein vom Dnjepr -
und sprachst nie davon.
Du liebtest das Waldesdunkel
- und nur meine Mutter.

Ich, kleiner Junge, war dir fremd.
Wir gingen niemals Hand in Hand.
Wir haben nie zusammen musiziert.
Gefühle durftest du nicht zeigen,
warst zu weich - zu hart erzogen.
Beim Spiel gewannst du immer.

Bergsteigen waren wir im Allgäu.
Mit dem Fahrrad fuhren wir
auf Blumen- und auf Pilzejagd.
Mein Erst-Motorrad kauftest du mir,
mein Studium hast du bezahlt -
und mit mir eine ganze Nacht
Ordinationspredigt gemacht.
Dein edles Wesen hab ich nie erreicht.
Du warst zu klug für große Worte.

Mit deinem Enkelkind, Franziska,
ist deine Herzenswärme voll erblüht.
Wir wußten nicht, dass unser Abschied
nach Brasilien, endgültig war.
Nach schwerem Nachtdienst
brach dein Herz zu früh - zu fern von mir.
Ich war dein Kind der Liebe.
Mein ganzes Leben dank ich dir !

24. 2. 2004

II. DAUER UND WECHSEL

Baum

Schwer zwischen den Wurzeln
wartet das Erdreich
hochgesaugt zu werden
mit süßem Wasser
sich aufzubauen
als Haarkleid der Erde.

Ein Feuerball wandert
gestaltet die Formen
umgreifende Luft
wiegt sich in Blättern
spielt mit den Blüten
leicht zwischen Zweigen.

Solange du hochragst
finden bei dir
unzählbare Wesen
Nahrung und Wohnstatt.
Du bist uns Bestimmung
du Baum des Lebens.

21. 4. 2004

Frühling in Franken

Wo immer ich wohnte
war der Frühling mir lieb,
doch nirgends so lieblich,
daß ich länger blieb.

Im westlichen Franken-
land hab ich studiert.
Sieben junge Jahre
hat er mein Herz berührt.

Nun war es wie immer.
Ich fuhr nur hinüber,
da war ich ergriffen
und nichts war vorüber:

Ein Wehen, ein Duften,
ein freundliches Winken
aus alten Gehöften
wie Liebäuglein blinken.

Woher dieses Ziehen
aus noch kahlen Zweigen,
mit wärmendem Wehen
ein Amsellied steigen?

So warm in mein Herze
fällt tiefes Verlangen
nach Liebe, nach Bleibe,
nach sandigem Rangen.

Hier duftet die Erde,
das Land ist bescheiden.
Ich kann's nicht vergessen -
muß die Ferne leiden.

16. 2. 2001

Hochwasser

Der Tunnel ist voll
die Straße darüber
laut überschrien
vom rasenden Strom.

Obszönitäten
vom letzten Sommer
im Tunnel geschmiert
schon abgewaschen?

Zu mächtiger Flut
vereinte Flüsse
ergießen sich frei
in ein weites Tal.

Vor mir schwappt Brühe
Blattschnipsel treiben
zermahlenes Holz
wiegt zwischen Ruten.

In kleinen Nischen
sammelt sich Leben.
Die rote Dose
einsame Farbe

wird angehoben
dreht sich - und sinkt.
Es ist wie Liebe -
strömt über - wird still.

18. 2. 2002

Schlehenblüten

Wolken weißer Schlehenblüten
steigen duftend in den Himmel
an den Hängen hinterm Haus.

Greifen nach den Wolkenschiffen
richten ihre Hochzeitsreise
nach dem Licht der Sonne aus.

Hoffnungsvoll sind ihre Augen
locken tausend Bienen an.

Doch ihr Hochzeitskleid muss welken
damit Frucht entstehen kann.

23. 4. 2002

Karfreitag

Noch immer der traurigste Tag im Jahr.
Weil Jesus litt – das wird uns nicht klar.

Wir kriechen verstört in den Häusern herum.
Ein kalter Nord biegt den Frühling um.

Wer es gewohnt ist, geht in's Gotteshaus.
Wer kann, reißt in den Süden aus.

Das Fernsehen gibt sich alle Mühe
mit einschlägiger Karfreitagsbrühe.

Selbst Kochen macht heut keinen Spaß.
Bei allem Tun bedrückt uns was.

Die vielen Kreuze in unserem Lande,
sie murmeln und stöhnen von einer Schande.

Wir haben den Guten nicht ertragen.
Wir haben ihn an ein Kreuz geschlagen.

Und weil wir immer wieder so handeln,
läßt sich die Trauer durch uns nicht verwandeln.

So warten wir verlegen und hoffen,
noch sei unser Schicksal offen.

Karfreitag 2001

Waldamsel

Ich sah dich scheu
huschen im lichten Wald.
Du kamst zu uns.

Nun erfüllst du
Morgen und Abend
mit hellen Gesängen.

Im schwarzen Kleid
mit sonnigem Schnabel
zauberst du Lieder.

Einstimmen möcht ich,
reden mit dir – doch
zu kunstvoll dein Lied.

Oft übertönen
dich Start und Heimkehr,
Nachbarstimmen.

Dein Tageslied
hoch auf dem First
sei mein erstes und letztes!

19. 6. 2002

Duftend

Noch vor dem blütentrunkenen Mai
haben wir dich gebrochen, nur
um Tisch und Haus zu schmücken

verströmt deine Süße sich willig
aus den weißen Trauben deiner
unzählbaren sonnigen Herzen

dringst du in uns und erfüllst
alle Räume - auch die Augen -
mit seligen Strömen von Wohlsein.

Schon stirbst du für uns - getrennt
von deiner Bestimmung - doch wir
wissen nichteinmal deinen Namen.

29. 4. 2003

Maibaum

Im Wonnemond
Im heiligen Viereck
Haben wir ihr
Unsere Opfer gebracht
Ihren Schlund
Mit Bestem Blut gesättigt
Den glatten Stamm
In sie gesenkt
Die Befruchtung
- wir schrien für sie im Tanz -
Vollzogen
Ihren einen grünen Kranz
Zum Zeichen erhoben.

Sei nun fruchtbar
Mutter Erde!
Und gib uns Menschen
Wachstum und Ernten
Wohlstand und Frieden!

17. 11. 2002

Opferfleisch

Kein Sonntag ohne Braten
und Thüringer Klöß
das kann uns nicht schaden
man speist nicht pompös
macht kräftige Waden
ist fast religiös.

25. 7. 2004

Sommerazalee

Vier strahlende Augen
zart glänzender Frische
im reinsten blauen Rubin

umrandet von Strömen
weiß blinkenden Lilas
starr sich hingebend dem Licht.

Alles ist Blüte
in Klarheit geöffnet
vergessen die Nacht der Verschließung.

Das Beben des Kelches
läßt manchmal erahnen
die Kraft des tragenden Stengels.

Aus schweigsamer Tiefe
den Rand kaum verlassend
umfängt dich ein Taumel der Süße.

25. 6. 1960

Lindenblüte

Ganz oben in den Wipfeln
Blütenblätter verlieren sich
Himmel und Erde verschmelzen

Nur der Wind wiegt wärmend
In Wolken seinen süßen Duft
Über uns verschwenderisch

Wir kommen niemals dahin
In diese lichten Wohnungen
Ganz oben in den Wipfeln

27. 6. 2003

Gipfelerlebnis

Zur Lust des Aufstiegs
zwiespältig zwischen
Abenteuer und
Atemnot

lässt die dünne Luft
den Puls rasen
verspricht der Drang
nach oben das Glück.

Fern der Nichtigkeiten
himmlischer Abstand
höchstes Gipfelglück
für kurze Zeit.

Erfüllt von Klarheit
im ewigen Wind
ist keine Bleibe
für uns Menschen.

1. Mai 2002

Himmlisch

*

Zu viel blauer Himmel
ist auch nicht gut,
ist zu zerbrechlich,
zu viel Glück
muß unerfüllt bleiben.
Sein himmlisches Leuchten
wie hauchdünnes Glas
zerklirrt am Profanen.
Sein blaues Auge erlischt
am hellichten Tag.

* *

Blauer Himmel -
so viel Liebe,
die du uns bereitest,
blühende Wärme,
mit der du begeisterst.
Wir fassen dich nicht.
Unser Verströmen
sucht sich ein Wölkchen,
noch während du
uns beglückst.

* * *

Mein Gott im Himmel
wie du mir lachst,
wie dein blauer Mantel
über mir glänzt,
deine Sonne
mich durchdringt,
deine Liebe
mich antreibt,
als wäre ich durchsichtig.

24. Mai 2003

Glanz

Sonne läßt den Himmel glänzen
alle Blätter und das Gras,
Ziegel, Wasser und Gefieder,
nach dem Wetter kann sie das.

Frischer Wind hilft ihr dabei,
saust mir um die Ohren.
Möchte auch so glänzend sein,
frisch wie neugeboren.

Werd' ich merken, wie das geht?
Halte ich das Dunkel aus?
Wasche mich bis auf den Grund!
Glanz kommt erst nach Sturmgebraus.

Sülzfeld am 07. 06. 2001

Unterm Schattenbaum

Wie oft hat mich dein Farbenspiel berauscht
In der Sonne durchscheinendem Gold
Gemalt auf dem blauen Kristall im Zenit.
Wo Blatt über Blatt zum Schatten gebauscht
Mir dein Grün, so satt, die brennende Hitze
In wohliges Ruhen eingetauscht hat.

29. 6. 2003

Begrenzt - bekränzt

Begrenzt von Rosen ist jetzt meine Wiese
etwas kleiner, mühevoll und arbeitsreich.

Was wär, wenn ich nicht pflanzte, schneide, gieße?
Es wär Gestrüpp und wenig farbenreich.

In Schmuck und Duft ist sie dem Paradiese gleich!
Bekränzt mit Rosen hab ich meine Wiese.

30. 6. 2001

Zukunftsmusik

An der Betonwand
längs, im Fahrtwind
der Stadtautobahn
schleifte der Strauch.

Er wuchs zu wild,
ist weggehäckselt.
War kaum gehört,
ist schon verstummt.

Blieben nur helle
halbrunde Kreise
radiert in den Ruß –
die Nadel bin ich.

Schätze mich glücklich,
Hollunder am Haus
zirpen zu hören
im nächtlichen Wind.

Nachtgeier kratzen
auf altem Schellack
rhythmische Schmerzen
für tote Ohren.

15. 3. 2002

Letzte Erinnerung

Mein roter Ahorn, aus sogenannten
Platzgründen, zum dritten Mal verpflanzt
mußte zuviel Wurzeln lassen.

Alle Zeit und Regen kamen zu spät,
weil von unten nichts nachwuchs,
was nach oben hätte leuchten können.

Sein Griff in den Himmel verdorrte
von Blatt zu Blatt, von Ast zu Ast,
bis hinein in den Stamm.

Nur in meinen Gedanken glüht er noch
mit zarten Fächern im blauem Himmel, ein
Rubin in allem Grün - und in diesen Worten.

18. 7. 2004

Bimberla

Jetzt ist Schluß mit Katzen!
Die rote Kuna aus Kroatien verstarb,
nachdem sie meinen gelben Kanari
gefressen hatte an Liebesentzug -
Ganz sicher bin ich mir darüber nicht,
denn sie hatte den Husten.

Die getigerte Mieze warf zweimal im Jahr
sechs Junge und verschwand spurlos
nachdem sie sterilisiert worden war.
Ihre Tochter Mira, die kleine Wilde,
war nach drei Tagen Kurzurlaub
nicht mehr gesehen.
Katzenfänger - sagte man mir.

Aber ihr Sohn Bimberla
der glatte schwarze Schönling
mit dem winzigen weißen Brustfleck,
der mir ans Herz gewachsen war -
vielleicht ich auch ihm?
Der immer wieder in die rechte Pfote
gebissen wurde von einem Dorfkater
in ihren Katzennächten, bis er humpelte.
Der mir im Arm ohnmächtig wurde,
als der gelbe Eiter abfloss.
Und wir ihn zum Tierarzt bringen mußten.
Er blieb oft viele Tage fort.
Aber er kam wieder - heiß erwartet
zu meiner Freude - vielleicht auch zu seiner?
Doch als sein großes Reich und Versteck,
die alte Doppelscheune abgerissen war,
kam er nicht mehr.
Monate lang suchte ich und rief
vergeblich nach ihm.

Ich hatte im Schuppen zu tun.
Da machte es "miek, miek"
"Bimberla, bist du da?
Bist du wieder gekommen?"
rief ich ins Dunkel.
Es war nur ein Laden im Wind.

Aber seitdem singen mehr Vögel um's Haus.
Grashüpfer springen wieder.
Eidechsen behalten wieder
ihre feinen langen Schwänze.
Nur die Ameisen werden die Reste
zerspielter Blindschleichen vermissen.
Mäuse laufen am hellichten Tag
von Holzstoß zu Holzstoß.

Es ist viel mehr Leben um's Haus -
aber kein Bimberla.

6. 7. 2003

Heute fuhr ich mit dem Auto
nach dem nächsten Dorf
lag eine schwarze Katze
überfahren auf der Straße.

"Bist du es Bimberla?"
Tot und leer das Auge
totenstarr der Körper
wie unverletzt im Schlaf.
Am winzigen weißen Brustfleck
den Narben der linken Pfote
erkannte ich ihn.

Was tut mehr weh:
Ungewisses Warten
oder diese Gewissheit?

Ich warf ihn den Krähen hin
die in der Nähe warteten.

Jetzt - ist Schluß mit Katzen!

23. 7. 2003

Adam und Eva

Die fein gekrümelten Äcker
wie rot sie sich breiten
bekränzt von blaugrünen Wäldern
im frühen Nebel
wo alles begann –

Mit Adam, dem Erdling
und Eva, der Gebärenden
mit Stein und Eisen
mit Scherben von Artefakten
die ich auflas –

Bis unsere Technik
uns über die Köpfe wuchs
und das leichte Leben,
das wir erhofften
doch nicht gefunden haben.

Denn schwer wiegt der Acker
voll Segen und Fluch
und immer noch wir sind
Adam und Eva -
vor dem Paradies.

31. 8. 2002

Schuft

Der Herbst ist ein Schuft
seine Sonne ein Blöff
ihre Wärme leeres Versprechen
sie tun nur so, als könnten sie wärmen.
Genau wie die Farben der Blätter
ihr Leuchten ist Abgesang
blumengeschmücktes Begräbnis.

Das gealterte Grün
war wenigstens ehrlich
ich hätt' es noch lange geliebt
wenn diese verfrühten Fröste
es nicht zu Boden gezwungen
die lebensfrohen Äpfel
Birnen und Zwetschgen
nicht zu braunem Mus
verwandelt hätten.

Da ist nichts zu beschönigen.
Die Erde dreht sich mit uns
weg von der Sonne -
schon bricht Kälte herein
Nebelschwaden umzingeln
Wintertage beißen in uns
kosten Geld und Mühe.

Wir leiden in dieser Finsternis.
Es wird nötig sein
uns gegenseitig zu wärmen.

November 2003

Dorfgeräusche

Die Kreissäge jault ins Holz.
Rundum brüllen Traktoren
rattern auf steinigem Feld.
Pferde rufen sich zu übers Tal.
Ein Hofhund ist wütend, worüber?
Der Schrei einer Kuh bringt ihr Kalb nicht.
Ein Radio probt den Aufstand.
Ein Rollbrett klatscht den Takt dazu.
Wolken sausen aus der Sonne
biegen die Linde, bis sie singt.
Noch übt die Feuerwehr Gelächter
Männerstimmen und Jugend.
Metall auf Metall, das Abendgeläut.
Nur manchmal rast die weite Welt
herein und entfernt sich eilig.
Vom Friedhof sickern Frauenstimmen
ein Schwätzchen aus stummem Himmel,
denn die Schwalben sind fort.
Mein Blut rauscht voller Arbeit.
Erst ein rauer Krähenschrei
beschließt diesen Tag.

11. 9. 2004

Erleichtert

Vor meinem Auto
huschen zwei Vögel,
erschrocken roll ich darüber.

Wie bin ich erleichtert -
im Rückspiegel flattern
zwei herbstliche Blätter.

29. 9. 2003

Winterrot

Abertausend Lichterpaare
prächtiges Glaskugelspiel
wälzt sich aus der großen Stadt
in das schwarze Hinterland.

Das schluckt und schluckt
und löscht bis sie verglimmen
vor ihren Haustüren
für eine kurze Nacht.

30. 10. 2002

Alle Jahre wieder

Erst freut dich dein Spielzeug
das dir das Christkind bringt.
Heute darfst du spielen
bis die Eltern schläfrig sind.

Bald staunst du darüber
Weihnachtsfest – Heimatfest
wärmendes Licht, das die
kalte Winternacht erhellt.

Darin lebst du lange
Gewohnheit stumpft dich ab
Sinn entleerter Rummel
enttäuscht wie fauler Zauber.

Weihnachtszeit – Verlegenheit
flüchtest in Kulturbetrieb
Weihnachts-Melodie-Gebäck-
Glitzer-Schmuck-Geschenke-Stress.

Gehst du in die Kirche
ist jedes Jahr dasselbe
Das Kind liegt in der Krippe
und kann nicht älter werden.

Endlich kommst du dahin
die Kindheit abzulegen
dem Mann die Hand zu geben
der die durchbohrte dir reicht.

30.11. 2001

Schneeflocken

Woher, wohin?
Sie taumeln
aus eisiger Höhe
Sie torkeln
herunter, herunter
Sie fallen
herab, herab
Sie schweben
leise und leicht
Unzählbar
weiß und weich
Sie decken
sich zärtlich zu
Sie schmücken
die Welt
rund und still.

21. 1. 2004

Christbaum

Ich hüte mich von Festen
zu viel zu erwarten.
Christbaum besorgen
aufstellen, schmücken
ist eine stachliche Plage.

Wenn er dann steht
wenn aus seinem tiefen Grün
rote und gelbe Kugeln glänzen
weiße Engelchen und anderes
Glitzerzeug ihn schmücken
und über allem ein strenger
Rauschgoldengel thront
- fremd wie die Ehre Gottes -
dann sitze ich da
und seine Schönheit
läßt mich lächeln.

Ich lasse ihn brennen
mit seinen 16 Lichterkerzen
die sich in allen Fenstern spiegeln
alle trüben Tage lang.

Doch bald wird er einsam -
ich sträube mich noch
doch seine Nadeln fallen.
Der Baum muß weg.

Und jedes Jahr
hab ich denselben Schmerz:
Wenn sein Platz leer ist
und das Zimmer öde
fehlt er mir
ein ganzes Jahr lang.

14. 1. 2004

Haiku

Tänzer auf dem Seil
hoch oben ganz alleine -
lass uns nicht fallen!   1958

Verwandte Seelen
verschmelzen nur scheinbar -
das Ich bleibt für sich.   Juni 2002

Der Meister schlug dem
Schüler ins Gesicht - der war
sofort erleuchtet.

Wild tobt der Südwind
reißt Blüten von den Bäumen -
was bleibt den Bienen?   April 2003

Du rosiges Kind
gestern sprangst du noch fröhlich -
heute bist du stumm.

Das ist kein Neuschnee
was den Vorhof weiß bedeckt
sind Apfelblüten. April 2003

Was ich auch sage -
verstehen kannst du es nur
aus deinem Leben. Juni 2004

Eidechslein sonnt sich.
Besetzt ist der Treppenstein.
Umweg - nasses Gras. Oktober 2004

Sauber ist die Welt
wo keine Menschen wohnen.
Zutiefst fegt der Fluß. November 2004

Die Stare oben,
Perlen am Handlauf unten
reihen sich zum Herbst.

Espenlaub zittert
auf dünnem Stengel im Wind,　　　　November 2004
muß bald loslassen.

Schwebende Blätter
fallen ohne zu wissen.
Wir zählen Stunden.

Leeres Nebelbild.
Da - torkelt ein gelbes Blatt,
fällt aus dem Rahmen.

Gelbbrauner Teppich
polstert die Pflastersteine.
So sanft stirbt das Jahr.

Fallen die Blätter -
schon sind die neuen Knospen,
Zeichen des Frühlings.

III. DIE WUT IST JUNG

Macher

Wir machen Leben selber
aus Wünschen und Freuden.
Wir machen Wüsten selber
aus Hunger und Leiden.

Wir machen Kriege selber.
Wir lassen es krachen.
Aber den Frieden - sollen
bitte die andern machen.

21. 10. 2002

International Space Station

I S S. ein neuer Stern
am vernetzten Himmel
strahlt heller, als das schöne
bekannte Sterngewimmel.

Besangen wir auch früher
Morgenstern von Bethlehem -
Glaubten an Astrologie.
Diesen Stern kann jeder sehn.

Das ist der Menschenstern.
Der ist nur für uns gemacht.
Nicht Gott - die Wissenschaft
hat ihn oben angebracht.

Wie er hell am Himmel geht
wird uns trotzdem klar
daß ein selbstgemachter Stern
nicht dringend nötig war.

Ein "Stern", den man besuchen
kann - man stelle sich das vor!
Egal der Preis - wir spielen gern.
Sag das in Gottes Ohr!

12. 2. 2001

Im Wege

Wer kann sicher sein
sie gingen uns nichts an
diese beiden Bäume?

Die in der Erde eng verwurzelt
waag- und senkrecht
Halt und Nahrung fanden.

Die unzertrennlich
unter allem Wetter
lind und türkis grünten.

Zwei Liebesengel –
die jung und himmelhoch
an meiner Straße standen.

Mich bewegte ihr Berühren
strich ich die zarte Birkenhaut
den warmen Föhrenstamm.

Doch wie erschrak ich -
angesichts der Leere
über zwei blutenden Stümpfen!

Gefällt, nur damit wir
die Kurve besser kriegen –
bis wir selber im Weg sind.

4. 11. 2001

Autobahn

Ein fernes Ziel –
du nimmst die Autobahn
denn Länge läuft
tauchst in den Strom
der brüllt und stinkt
doch zwischen den Reihen
rollender Hochhäuser
riechst du kein Gas mehr.

Mitgetrieben
in den Adern, den
Versorgungsbahnen
scheinherziger Städte
die sinnlos Waren schicken
von hier nach dort
und dort nach hier
zerschneidest du eilgierig
ein wehrloses Land
ziehst deine Giftspur
durch Wald und Feld
die Tag und Nacht
nicht Ruhe findet
außer unerwünschte
Verstopfungen.

Diese Wege sind nicht dein Ziel –
du nimmst sie nur
denn sie sind praktisch.

Heilfroh zu Hause
rinnt schwarze Brühe
von deinen Händen
dein schwerer Körper
spuckt Millionen
Rußpartikel und
ein wenig Abrieb.

5. 12. 2004

Kilometerfresser

Vierhundertvierzigtausendmal
Tausend Meter
trete ich dich
Panorama verzückt
zielbewusst
in blinder Eile oder müde
wir sind eingespielt

wenn wir schwarzen Asphalt fressen
weiß linierte Adern
Pfosten reihenweis verschlingen
gelb und blaue Wegweiser pflücken
Grün missachten
das Reh mit den roten Spiegeln jagen
Gas und Spurt

und nachts ins Schwarze zielen
immer ins Freie
kein Meter trennt uns vom Aus
vierhundertvierzigtausendmal
Tausend Gefahren –
um heim zu kommen
fahren wir aus

3. 10. 2001

An der Maschine

Am frühen Morgen
der erste stumpfe Blick
in die trostlose Halle
findet seine Maschine.

Ihr graues Eisen
den schweren breiten Rumpf
die schwarzen Aderstränge
die blitzenden Stahlköpfe.

Die ersten Griffe
nach runden Rohlingen
wecken ihn automatisch
zu vertrauter Gewohnheit.

Ein kleiner Druck nur
schaltet sie ein – und ihn.
Die Werkstücke warten nicht
Stück für Stück spannt er ein.

Dann spannt sie ihn ein
zwingt ihm ihren Takt auf
Mensch und Maschine
treiben einander an.

Für Jahre vereint
gehört er zu ihr – für
Sekundenausflüge nur
darf er anderes denken.

Er schaltet sie aus –
die Arme fibrieren
noch lange riecht er nach ihr
sie werden zusammen alt.

9. 10. 2002

Sicherheitsmaßnahmen

Nun kann in unseren Ballungsräumen
durch Verschleiß und Lärm verschlüsselt
gezielt die Nachricht eintreffen
dass getarnte Spähpanzer auffahren
die Wärmefinder einsetzen
um letzte Warmherzige anzupeilen.

Um diese Verweigerer
gesunder Volksmeinung
bar jeder Gutgläubigkeit
und unfähig, gleichgültig zu sein
gegen Alle und Alles, aufzuspüren,
um sie endgültig auszumerzen.

27. 10. 2001

Leerlauf

Du verläufst dich in der Stadt
ein Hamster im Rhönrad
und die Stadt läuft leer.

Du verläufst dich im Wald
ohne Handy und Licht
und der Wald wartet.

Du suchst alte Freunde
die Nadel im Heuhaufen
dann sind sie dir fremd.

27. 10. 2001

Bethlehem

nachdem die ISS
den Stern verfinstert

und jede Geburt
Probleme bringt

ist Gottes Wohlgefallen
verschlissen

im zerschossenen Hotel
über der Waffenhöhle

sind die drei Magier
reiche Fanatiker

und ihre Geschenke
Hetze und Sprengstoff

geben sich Mord
und Selbstmord die Hand

wirft Goliath Steine
auf Davids Panzer

fließt Kinderblut
wie eh und je

wird ein Stern gesucht
zum Überleben

15. 12. 2001

Parlamentsdebatten

Bürger, hört die Parlamentsdebatten!
Sie stellen alles in den Schatten,
was Tendenz und Zynik heisst.
Wenn statt fairer Argumente,
man sich nur "mit Dreck beschmeisst"
und im Raume wachsen Wände
unsichtbar wie betoniert,
wenn mit unverschämten Lügen
man das Wählervolk verführt.

Zynisch grinsen, hämisch schreien,
Sonderrecht der C-Parteien?
Skrupellose Optimisten,
die gern Säbelrasseln hören,
bekämpfen stets die Pazifisten,
die das Kasse-Machen stören.
Was ist christlich-sozial,
wenn arm und reich so kontrastiert?
Demokratie selbst wird uns zur Qual,
wenn das Schmiergeld mitregiert.

Jeder Mensch, der will nach oben -
Problem der Sozialdemokratie.
Denkt einer: "Ha, jetzt bin ich droben",
vergisst er Stand und Auftrag,
doch sich selbst vergisst er nie.

Wichtig sind sensible Pazifisten
in dieser stark verschmutzten Welt,
die durch Macht besessnes Rüsten
immer mehr in Armut fällt.
Verarmung an der Wurzel fassen,
klar, das wird nicht allen passen.
Doch gar nichts geht mit Nur-Phantasten,
Hunger geht nicht weg durch Fasten.

Da schreit die liberale Politik?
"Es muss sich wieder lohnen!
Der Stärkere hat immer Recht."
Den werden sie dann klonen.

Dann die Manager im Land –
fahr'n Konzerne an die Wand,
werfen Menschen vor die Tür
und kassieren noch dafür.

Doch hört auf mit Dunkelrot
– niemand wählt sie ohne Not!
Was sie gestern nicht vollbracht,
wär auch heute schlecht gemacht.

Solches mag für Viele gelten,
die sich selber "fähig" schelten,
wenn sie andere vergrämen,
ohne sich dabei zu schämen.

Bundestagsdebatten sind
kontrovers und voller Gräten.
Einigkeit kommt spätestens
bei Erhöhung der Diäten.

p.s.
Leser, sei nun nicht empört
über dieses finstre Bild!
Du hast wenigstens gehört,
dass das freie Wort noch gilt.

18. 11. 2001

Haus im Grünen

Viele kommen
aus der großen Stadt
im neuen Auto
zum Einfamilienhaus
mit höchstem Wohnkomfort
und internationaler Küche
per Autobahn geregelt
wo kein Hemdkragen weiß bleibt

zwischen Cremchen und Fläschchen
zweimal täglich geduscht
halten sie sich sauber
vor ihren Bildschirmen
blättern sie in Büchern
denn sie möchten
in Einklang leben
mit der Natur

voll versichert
mit der Lust des Erfolges
pendeln sie
zwischen Stress und Langeweile
ihre Abfallberge wachsen
längst woanders
erst nach vielen Vitaminen
verduften sie
über lange Schornsteine

14. 7. 2002

Banken

Die Banken ziehn dich nackig aus,
hast du mit Schulden Sorgen.
Der Bänker sagt dir frei heraus:
"Sie sehen ja ganz nackig aus.
Da können wir nichts borgen."

11. 4. 2003

Wie lange?

Wie lange sind akrobatische Verfremdungen witzig?
Wie lange ist breit getretener "Großstadtmüll" modern?
Wie lange sind Selbstdarstellungen der "Looser" interessant?
Wie lange werden "des Kaisers neue Kleider" als Kunst bestaunt?
Wie lange ist die Spaßgesellschaft bei guter Laune zu halten?

Da hat jemand gerufen: Lange!

März 2003

Zugvögel nicht

Die Erwartung
fährt mit Routine
sonst wäre die Reise
nicht zu ertragen.

Angekommen
sind wir verletzlich
mit großen Augen
lächeln Fassaden.

Bedarf ist genug
nur welcher zuerst
der Kopf, der Bauch, die Sucht
oder Entspannung?

Das Meer sehen
Fremdes entdecken
Gedanken verjüngen
sich treiben lassen.

Endlich Sonne
nein diese Hitze
nur keinen Regen
oh diese Preise

und Ungeziefer!
Was wir hier wollen?
Am besten wir fahren
morgen nach Hause.

23. 6. 2002

Trinkwasser

Trinkwasser
aus der Wasserleitung
mögen wir nicht.
Wir trinken Sprudel.

Drei Millionen
bekommen es nicht,
sie trinken Abwasser,
werden davon krank.

Sie sterben an sich.
Oder – sterben sie
über lange Wege –
auch an uns?

Drei Millionen
haben kein Trinkwasser.
Warum trinken sie
keinen Sprudel?

30. 8. 2002

Das bringt nichts

das Leben verfressen
bis der Bauch hängt

das Hirn vertrinken
bis der Mund lallt

die Luft verrauchen
bis das Herz zittert

die Menschen benutzen
als wären sie nichts.

die Zeit vertreiben
bis das Spiel ernst wird.

dann beim Doktor um
ein paar Tage betteln

26. 11. 2001

Schlimme Rauchzeichen

Dieses Leben verbrennt
nach Programmen
sowieso.
Nur die Lust
unbefriedigt
beschleunigt den Vorgang.

Wenn brauner Glimmer
wie weiße Zündschnur
leise abbrennt
und diese Tröster
stündlich eingeatmet
der Genießer
sich verrechnet.

Klick und aus -
wäre noch elegant.
Doch so ein Feuerwerk
ist nicht jedem vergönnt
der Dopamin gedopt
und Teer gefüllt
jahrelang erstickt.

10. 3. 2003

Umbruch

Bewegt und fröstelnd schlängelt
vorm Grau des neigenden Jahres
die schwarz-rot-goldene Fahne
einsam im fragenden Land.

Von Kirchturm läutet es Mittag
aus nicht mehr geltenden Zeiten.
Wird Umbruch geben im Acker
Veränderung für diese Welt.

Entfernt vom Spiegel der Meere
ist doch nicht ewige Steigung
Wachstum nicht ohne zu sinken
nichts Neues ist ohne den Tod.

Und wir sind schlecht gerüstet
mit diesem Herzen der Steinzeit
im Wühlen von Wissen und Mächten
voll blinder Hoffnung auf Gewinn.

5.10. 2003

Club of Rome 1972*

Wir leiten so vieles
durch unsere Hände
verkrümmte Gehirne
das wird davon wund
schwärmt aus und befällt
die hilflose Erde
auch Meere erkranken

denn unaufhaltsam
im menschlichen Kosmos
erblühen die Viren
kassieren und töten
die letzten Kinder
begraben die Sehnsucht
nach Leben – in Müll.

20. 12. 2004

* Buchausgabe 1972 "Die Grenzen des Wachstums"

Blutiges Konfetti

am 11. September 2001
wurde maßloser Hass
vom Himmel geschleudert
gezielt gegen Unschuldige
ohne jedes Recht

sinnlos gewordnes Papier
torkelt herunter
blutiges Konfetti vermischt
mit den Trümmern sinnlos
zerstörten Lebens

Wolken türmen sich
aus Asche und Tod
unsagbare Schmerzen fallen
auf Unzählige - diese Untat
verändert unsere Welt

Schutt wird weggeräumt
es bleibt die Ohnmacht
anders zu denken als
Hass gegen Hass um
miteinander zu leben

weiterhin führen
fanatische Menschen
berufen auf Höchstes
Kriege gegen Unschuldige
ohne jedes Recht

13. 9. 2001

Ende des Sommers

Glänzend weiße Flieger
scheinbar locker aufgereiht
erstürmen rasch in breiter Front
unser schönes Himmelsblau
mit ihren grauen Schatten.

Kleine Äpfel lassen sich
erschrocken unreif fallen
Rosen ihre Köpfe hängen
Sommerfriede ist vertrieben
Sonne längst südwärts geflüchtet.

Wir fürchten einen neuen Winter
einen bösen langen Krieg
Wolkenflieger vollbestückt
mit Eisgeschossen senken sich
zu einem zweifelhaften Sieg.

24. 9. 2002

Irakkrieg

Soldaten haben Terroristen gejagt.
Die kleine Marwa verlor ihr Bein –
und auch ihr kleines Schwesterlein.

Einer besuchte sie, der hat sie gefragt:
"Was möchtest du dem Präsidenten sagen?"
Die kleine Leila denkt lange nach –

"Was habe ich dir denn getan? –
Das möchte ich den Präsidenten fragen."

13. 12. 2004

Heiliger Krieg?

Wo hassen, vertreiben
verstümmeln, verletzen
töten – kein Mord sind

wo Mörder knien oder
stehen und beten zu
Gott – oder keinem

wo Himmel versprochen –
doch Tausenden damit
die Leiber zerfetzen

wo Krieg ein Geschäft ist
wo – da schäme ich mich
ein Mensch zu sein.

3. 3. 2005

Der viereckige Drache

Mit Neigung der Sonne
wächst das Reich des Drachen
funkeln seine Blicke
locken unerbittlich
in den Bann seiner Spiele
laut und bunt.

Kinder starren gespannt
ihr Spiel verkümmert
er weitet die Augen
sich einzubohren
neugierig und willig
sind sie ihm gefügig.

Stärker als ihr Spaß
hebt er in lustige Höhen
- und läßt sie fallen
erweckt sie sich neu
- und erschreckt mit Gewalt
dann lacht er schon wieder.

Wenn sie erwachen
sind sie zu schwach, um
den Aus-Knopf zu drücken
sind wie verzaubert
verwirrt und süchtig
wissen nicht wer sie sind.

29. 3. 2002

Nichts für Kinder

Wirst du mich hören
im Lärm deiner Großstadt
in den Sinn betäubenden
Sinnlosigkeiten deiner
Erwachsenenwelt, die
ihrer Welt nicht gewachsen ist?

Da haben Kinder die Wahl
Daumenlutscher oder
Zappelphilipp, oder
unerwachsen zu werden
falls sie überhaupt vorkommen
und nicht Wunderkinder sind.

Wer ihre Nischen zerstört
verspielt ihre Zukunft
vielleicht auch die seine –
wie so ein Walroßbulle
sein Junges zerquetscht
beim neuen Liebesspiel.

29. 11. 2004

Samstagsläuten

Mittagsstill die Gasse
schaut auf den braunen Fluß.
Plötzlich hebt ein Lärmen an
das jeder hören muß.

Metallisches Schlagen
mit tausenden Tönen
ein Bimmeln und Brummen
bedrohliches Dröhnen

eindringliches Brausen
so heut' wie vor Zeiten
den Menschen der Stadt
den Sonntag einläuten.

Dazwischen klingt Wimmern
wie Seufzen und Stöhnen
verworfene Seelen
erflehen Versöhnen.

Ein Höllenspektakel
als kirchlicher Wille?
Kein freundliches Rufen
zur Gotteshausstille?

Die Nöte im Herzen
noch lang nicht gewendet –
so wie er gekommen
der Glockensturm endet.

Bamberg, den 19.10. 2002

Der Papst ist krank

Der Papst ist krank
Der Papst ist alt
Ach, dass der liebe Gott es walt'!

Sie beten laut
Sie beten viel.
Ob das der liebe Gott auch will?

Sie beten bei Tag
Sie beten bei Nacht.
Was hat der liebe Gott falsch gemacht?

Der Papst ist krank
Der Papst ist alt.
Ach, dass der liebe Gott es walt'!

25. 2. 2005

Beim Boss

Mein lieber Michel, so übel
geht es ihnen doch gar nicht.
Sie sind nur noch sehr ungeübt
im solidarischen Lohnverzicht.

Wir stehn am Anfang der Reformen.
So viel brauchen sie nicht zum Leben.
Die Wirtschaft liegt in ihrer Hand -
sie müssen nur mehr Geld ausgeben!

Schaun sie doch uns an – das
mit der Kündigung müssen sie verstehen –
wir machen in Deutschland kaum mehr Gewinne.
Sie könnten auch in ein Billigland gehen.

Arbeit wird es immer geben.
Herr Michel, wir sind schon nahe dabei,
uns allen könnte es besser gehen
sie wählen wahrscheinlich die falsche Partei.

Jawohl, Herr Chef
da kann man nichts machen –
Sie haben schon so viel für uns getan –
Zum Letzten dann, pack ich meine Sachen.

25. 2. 2005

Global Song, deutsch

Singt alle mit, der Boss stimmt an,
das Lied vom armen Wirtschaftsmann.
Und wer das Lied jetzt noch nicht kann,
der fang nochmal von vorne an!
Singt alle mit, der Boss stimmt an,
das Lied vom armen Wirtschaftsmann.
Und wer . . .

15. 3. 2005

IV. WIE MIR DER SCHNABEL GEWACHSEN IST

Hulzköpf

Müd sitz i dou af su an Knotzn
Des haufn Hulz macht mi ganz dumm
I hör den Pleitegeier kotzn
Un spiel mit klane Klötzla rum

Am Telefon will i nu trotzn
Dou werds am andern End glai stumm
Wei etz dei Hulzklötz af mich glotzn –
Dei Sorgn bringer mi nu um

14. Mai 2003

Des Hochdaitsch

Es is furchboar mi'dem Hochdaitsch.
Alles is scharf un hart
geziert kummts mer vur
und umständlich is es
un von weechn "dialektfrei"-

Dou rollt nix,
des stelzt ner derher
dass mer maant
di Zackn brechn aanzln raus
as der hochdaitschn Kroner.

Mir dout's weiih in di Ohrn
un wenn's bam Interwju
in Nermberch lauder Praißn reedn loun
mach i mer scho Sorgn
wal i maan, mir sin scho ausgschtorm.

25. 10. 2001

Ä alts Sträßla

Sicher woar's amol schei,
des ausrangschierte Strässla,
weis nai woar un glatt.
Wei sich's hiegschlängeld hot
ä silberns Bändla
vo an Dorf zum andern.

Hait bin i's gfoarn – verboutn,
wal si's gschperrt hom,
wal's ka Geld hom zum Herrichtn
di Ossis. S'is elend zammgfoahrn.
Doch i hobs net bereut.

Di Sunna woar runter kummä,
as alle Pfützn hot's glacht.
Su scheine Brillandn gibt's goar net,
wei i hait gseeng hob
vorn und im Rückschpiegl.

Mir hots ner laid dou,
dass i su schnell naifoarn hob mein
ins goldne Abenrot - in di Pfützn,
dass i net steckn blaib
im Morast.

25. 10. 2001

Kerwaständerla *

Vur dem Haus is ä Gelaaf -
di Kerwa-Musik stellt sich aaf.

Wumm-peng-pfeif-tuut-flöt-trara!
Scho is Kerwastimmung da.

Hans haut mächtig aff des Fell.
Klarinetten kreischen hell.

Wohlig brummt der Bass vom Fritz.
Karins Flötla lispelt spitz.

Wer ziecht die Posauna lang?
Hörner röhren vollen Klang.

Uwe bläst die Backen auf.
Hoppla, wos a schneller Lauf.

Die Trompetn strohlt mit Kraft.
Ja, sie hom es schö geschafft.

Un sie spilln uns Stück für Stück
jedem Haus sai Kerwaglück.

Wenn dann noch ä Scheinlä lacht,
hom'si's allerbest gemacht.

14. 10. 2002

* Morgenständchen zum Kirchweihfest

Ä gouts Sitzflaisch

Wenns'd maanst, nou
gemmer halt hait ämol hie zu dennern.
Schoodn konns uns nix.
Obber ans sooch i der:
Su lang blai'mer fai net.
Mai Großfadder hot immer gsacht:
"Nach Zwölfer taucht's nix mehr."
Un immer dei bleide Qalmerai derbai,
dass di Klaader am andern Tooch
nu dernouch stinkn.

No?
Des woar etz doch ganz schei!
Dou kennt mer langsam
ans hamgeih denkn.
Morgn freih is di Nacht rumm.
Un du moußt zaitich raus,
wenn ich nu ä weng dusln konn.
Wos maanstn, gemmer etz?
Es kummt nix mehr nouch.
Kumm, steih aaf, gemmer hamm!
Lou di net goar su bittln un bettln!
Steih halt aaf, gemmer endli!

Ou, wenn dei ihrn Hockädn hot -
Etz kumm halt!

Mit dir geih i nuämol fort -

24. 2. 2005

Froue Osdern

Ou - des Wedderla
    dei Sunnä
    des Ländla
    mai Moddorrädla.

Ou - dei Broutwärschtla
    des Bierlä
    des Wiesla
    dai Göschla.

Ou - is' schei ba uns!

A wenns uns hamwärts
a weng huschert.

1. 4. 2002

V. SPIEGLEIN, SPIEGLEIN

Bauernregel

Ist der Hof voller Rauch,
schürt die Bäuerin faul.
Hat der Dichter kein Glück,
hält er besser das Maul.

17. 3. 2002

Künstler

Im Großen und Ganzen
kann keiner von uns
aus der Reihe tanzen.

Im Kleinen und Feinen
darfst du dich regen
Talente zu pflegen.

In Längen und Breiten
bekannt zu werden
ist schwer zu bestreiten.

In Höhen und Tiefen
zuhause zu sein
dazu lad' ich dich ein!

Stiller Samstag 2001

Bevor ich bin

warst du

aus Generationen
überreichte Fackel
ungelöscht
mit aller Erfahrung
angewachsen,
erlitten, erstritten
erhofft, erdacht
verändert in Zeiten
im Kern sich treu -
Gedanken sprühendes
Netzwerk.

Ohne mein Wissen
sprachst du aus mir
warfst du die Fackel
des Menschengeistes
in mich
bevor ich dich
erkannte und eintrat
in das Bild deiner Worte
warst du –

meine Sprache.

22. 6. 2002

Bestimmung

Wo Viele stehn und warten
kam die Zigeunerin.
Sie griff nach meinen Händen.
Ich gab sie zögernd hin.

Ihr brauner Busen schwitzte
feucht fühlt' ich ihre Hand.
Sie las in meinen Händen
was sie erschreckend fand.

Dann hob sie ihre Augen
und sah mich lange an.
Sie bat, ich soll sie segnen.
Ich habe es getan.

Sie konnte mich nicht kennen
im fremden, heißen Land.
Sie las meine Bestimmung
aus meiner offnen Hand.

17. 5. 2001

Mensch Zeit

Du bist wie ich
kommst und gehst
bringst Freud und Leid
sparsam
oder überschwenglich
zerrinnst wie ich
und irgendwann
legst auch du
die Peitsche weg.

Wir sind vorläufig
schwanken zwischen
rennen und kriechen
ruhen niemals

haben nie Langeweile
sind unzertrennlich
du in mir
ich in dir.

Wirst mich überleben
bist mir alles
ohne dich
wäre ich nichts.

Ohne mich aber
wärst du kalt und stumm
denn nur ich –
weiß von dir.

7. 11. 2001

Ritter und Tod

Sterben wollte ich nie,
nicht mit zwölf, als ich sang:
„...lieber sterben im Wald...",
nicht als mein Vater
Sauerstoff holen mußte,
nicht als ich vom Dach fiel
im Fliegerhorst Roth,
nicht als mein Herz still stand
am Meer in Kroatien,
nicht heute.
Sterben müssen, ist etwas anderes.
Wird mein Vertrauen ausreichen
ein Ja zu finden?
Als Lebender hab ich
vom Tode nur Theorien.

Dieweil spielt das Leben mit mir
wie ein launisches Kind,
nimmt und gibt,
hebt und senkt seine starken Arme,
greift mit Grün und Geziefer
durch unsre Technik hindurch
nach mir, denn ich bin Leben,
unzählbar, emsig und eitel
zur Verwandlung bestimmt,
wie wir alle:
Von Homo zu Humus.
Ob ich mich freiwillig
der "kleinen Welt" ausliefern werde
wie durch ein Tor
in die Welt des Geistes?

Noch brechen Gedanken aus mir,
scharfe Klingen die schneiden
in Panzer der Ignoranz.
Laß es anstehen Ritter,
bleibe mit Stete!
Auf Dauer ist das Böse dumm,
es hat nur die Macht,
die wir ihm geben.
Auch wenn die verlogne Moral
Sauberkeit vortäuscht,
Fäulnis zu verbergen.
Es gibt kein Entrinnen:

Wir werden schuldig, weil wir leben.
Der Mensch ohne Spiegel bringt Leid,
wie jener, der meint, sich zu kennen.

Wenn die Fassaden brechen,
die Massen sich ergießen,
wenn jeder gegen jeden
ungehemmt vorgeht,
dann ist Krieg –
und Krieg ist wie Tod
und Tod ist immer
wo Mitgefühl fehlt,
wo Gewinn über Würde,
Dinge über Menschen gestellt werden.

Am Ende bietet die geringste Ehrfurcht,
das lückenhafteste Gewissen,
die zaghafteste Liebe,
noch etwas Schutz
vor der Schlammflut des Fleisches,
dem Organismus Mensch,
dessen Künste groß sind,
der sich himmlisch wähnt,
aber alles bedroht,
was er anfaßt.

Dennoch,
lasst uns gewillt sein,
gütig miteinander umzugehen,
ein Todgeweihter den anderen ehren!
Erbarmen ist unsere höchste Kunst.
Wenn nicht wir
die Kinder der Hoffnung sind,
wer ist es dann?

Februar 2000, Fassung vom 23. 2. 2005

Was sicher kommt

Was sicher kommt, ist unser Tod -
doch der ist unbekannt.
Wer das erkennt hat damit Not,
es fordert den Verstand.

Die Peitsche schwingt der Sensenmann:
Auf, nütze deine Zeit!
Verschweigt, was er nicht wissen kann:
Wozu gelebt, wofür bereit?

Gar viele Stimmen drängen sich
in dieses Vakuum:
He, Tödchen, wir vertreiben dich!
Und stell'n uns gerne dumm.

Im obern Himmel wird es schön.
Das Paradies kommt her,
oder, im Nichts zu Nichts vergehn,
ob das so sinnvoll wär?

Zukunft liegt auf dieser Erde,
Herkunft, Leben und sein Sinn,
wenn ich einig mit ihm werde,
geh ich fröhlich darauf hin.

20. 5. 2001

Tablettenzeit

Uhren gehen
gedankenlos
drück ich Tabletten
aus ihren glänzenden
Plastikbetten.

Nur nicht zählen
gedankenfrei
genieße ich täglich
das künstliche Leben
sehr verträglich.

Nur nicht zu viel
gedankenvoll
davon genommen
nicht schlimmere Übel
zu bekommen.

Die Schachtel ist leer
gedankenschwer
zum Doktor laufen
mir künstliche Zeiten
neu zu kaufen.

24. 6. 2002

Im Wartezimmer

Wir treten zögernd ein
die Wände frisch geweißt
hier sprechen wir gedämpft
und wer ist der Nächste?

In der langen Weile
prahlen Illustrierte
mit dem buntem Leben
alles scheinbar wichtig
aber wenig tröstlich
zur guten Besserung
des Unabwendbaren
mit seinen Vorboten
ein Wehwehchen besser
zwei dafür schlechter.

Dann geht die Türe auf
wir sind an der Reihe.
War das nun Leben?
Und was kommt danach?

4. 2. 2004

HIRNRISS*

Im Tod,
war nichts mehr.

Wiederbelebt
kamen Schmerzen und Freude.

Viel später merkte ich:
In meinen Gedanken war ein Riss:

Ich erinnere mich - dass ich schwamm
die andern sagen - du wurdest gezogen
ich rief nach Arznei - du konntest nicht sprechen
ich kletterte hinauf - du wurdest gehoben
ich kniete nieder - du wurdest gebettet
ich war allein - wir waren bei dir
ich atmete ruhig - dein Atem verging.

Offenkundig
starb ich
in einer anderen Wirklichkeit,
als ich dachte.

Meine Vorstellungen
waren Vorhaben und Wünsche,
die das Leben erhalten,
oder den Tod erleichtern sollten.

Mit dieser Erfahrung
lebe ich dankbar.

1. 9. 2002

*Ergänzung zu "Ein kleiner Tod" in "Das bunte Leben", Seite 109 ff.

Personare

Töne bedrängen mich
Intervalle, Melodien wie Feengesänge
in allen Zeiten. Schon früh
versuchte ich instrumental
sie zu fassen
als Noten zu halten.
Aber wer hört sie?

Farben begeistern mich
Kontraste, Nuancen im Panorama
aus Schatten und Licht
schon immer bewegte mich
rhythmisches Wogen
in Form und Bild.
Aber wer schaut sie?

Worte verfolgen mich
suchen nach Ordnung und Ausdruck
im Fluten der Sprache
die Wahrheit zu finden
für alle Gefühle des Lebens
die Wege und wie es sich fügt.
Aber wer liest sie?

18. 7. 2004

Inspiration

Immer wenn ich
- und sei es in 3sat -
Unerwartetes, Neues
sehe, höre, lese
und es geht mir
- wie man so schön sagt -
zu Herzen

spüre ich innen im Kopf
dieses warme Ziehen
von unten nach oben
ein Dehnen und Weiten
bis hin zu ganz großen
Augen und Ohren

und sofort die Lust
aufzuspringen
um es zu tun !

21. 12. 2004

Anima

Nur dein lieblicher Kopf
im Glas-Geviert schräg –
träumte mir gestern

im Rücken des Gatten
blinzelst du mir zu
auffordernd gehst du

erinnerst mich auch
an frühere Träume
weiß - in blauer Grotte

du zeigst dich freundlich
doch immer in Rätseln
nie sprichst du ein Wort

du machst mich süchtig
ich kann dich nicht finden
verheißt mir Wärme

verstörst mir die Liebe
mit deiner Schönheit –
wirst sterben mit mir

29. 12. 2004

Tageslieder

Mein Aufstehlied ist
was heute zu tun ist.

Mein Morgenlied
was gestern passiert ist.

Mein Tageslied
ist messen und bauen.

Mein Mittagslied
ist trinken und kauen.

Mein Nachmittagslied
klingt leicht etwas müd.

Mein Abendlied
singt die Frau Madam.

Mein Nachtlied
stimmt ein Rotwein an.

1. 8. 2003

Kein Vergleich

Dreißig Mark für dieses Essen!?
Dir wurde bess'res schon beschert.
Morgen hast du es vergessen.
Das Essen war sein Geld nicht wert.

Dreißig Mark für's "Bunte Leben"-
Bunt und prall wird dir's beschert.
Hab' mein Bestes dir gegeben.
Mein Buch ist halb mein Leben wert.

14. 8. 2001

Los

Wirf die Münze
Egal wie sie fällt

Bleib in der Sonne
Die Erde dreht sich

Fliege dagegen
Du entkommst nicht

Denke vorwärts
Das Leben kreist

Säe und ernte
Was stirbt, das lebt

Ziehe den Kürzern
Habe nur Mut

Wirf die Münze
Es gilt jede Seite

23.10. 2001

Abendsonne

Als die alte Scheune vor meinem Haus
gefallen war, konnte die Abendsonne
in alle Zimmer schauen.

Wenn das neue Haus gebaut sein wird
und das alte am Abend wieder
im Dunkel liegt, hoffe ich

dass die Abendsonne meines Lebens
in der neuen hohen Halle
noch lange leuchten darf.

6. 7. 2003

GELEITWORT

Seh ich doch, wie Kunst aus allem Leben bricht
Zu den neuen Gedichten Werner Saemann's

2001 erschien "Das bunte Leben" - das späte, aber ganz im Sinne des Titels quicklebendige lyrische Debüt des Werner Saemann. Ein neuer Band knüpft nun an den Erstling an - ihn chronologisch fortführend, aber auch durch wenige frühere Texte ergänzend. Werner Saemann ist einer, der zu vielen Themen auf vielfältige Weise etwas zu sagen hat. Ich möchte schlagartig herausarbeiten, wo für mich die besonderen Qualitäten seiner Gedichte liegen.

1. Betroffenheit, oder : die persönliche Substanz
Eine generelle Beobachtung in der Lyrik: Oft ist es die Beschränkung (auch thematisch), die am ehesten Meisterschaft zuläßt. Die große Politik, der weltanschauliche Diskurs großen Stils fügen sich nur selten der lyrischen Form. Lyrik meint immer (auch durch noch so kunstvolle Masken hindurch !) "Ich sagen".
Das autobiographische Moment und die Authentizität stehen nicht nur im Lexikon nahe beieinander. Erlebtes drängt ins Wort, um sich mitzuteilen. Wo diesem Drängen mit Geduld und sprachlicher Disziplin die Bahn geebnet wird, werden Gedichte daraus, die dem Auror wie dem Leser gegenüber gleichermaßen ein Stück Unabhängigkeit bewahren. Diese Unabhängigkeit ist die Substanz, widerständig, wie das Leben selbst, das sich im Gedicht Gehör verschafft. Gerade, wo es um die eigene Betroffenheit geht, gilt es mit der Sprache zu ringen. Etwa in den beiden großartigen Schlußstrophen des Gedichtes "Plüschtierchen", das Werner Saemann am "Rosenmontag 2001, für Lisa" schrieb:

(...)
Ach, Mama, schenke mir
einmal ein echtes Tier!
Das atmet, schnurrt und faucht,
das mich auch wirklich braucht.

Das mit mir lacht und springt
und mir sein Bällchen bringt.
Das selber etwas will -
Plüschtierchen sind so still.

Ursprünglich stand am Schluß das wertende "zu still" des Erwachsenen, ehe es durch das sehr viel treffendere, konstatierende "so still" des Kindes ersetzt wurde. Solch eine minimale Differenz kann darüber entscheiden, ob ein Gedicht im Sentimentalen steckenbleibt oder aber die Kraft hat, den Leser existentiell zu bewegen.
Gerade, wo es um das persönliche Empfinden geht, ist die Sprache zur äußersten Ökonomie, Genauigkeit und Prägnanz gefordert. Etwa in dem Gedicht "Am Bahnhof" ("26. 3. 2002, für meinen Sohn Joni"), das bei aller Lakonie und schillernder Dialektik mehr ist, weit mehr als eine bloße Spielerei der Worte:

Du wolltest nicht fort	Ich fühlte mich leicht,
beim Abschied.	voller Freude.
Ich hatte den Schmerz	Meine Zukunft - liegt
hinter mir.	nun in dir.

2. Sinnlichkeit, oder : Ganz Auge sein
Das Handwerk der Lyriker ist von jenem des Goldwäschers nicht allzuweit entfernt. Er sammelt Bilder, Klänge, Wahrnehmungen - auf ein großes Reportoire kommt es an, um den lyrischen Impulsen gewappnet zu sein. Je einfacher, je schlichter, je klarer umrissen das Wahrnehmen ist, desto überzeugender gerät es, desto weniger wirkt es gesucht oder strapaziert. Einzig die wachen Sinne des Lyrikers sind es,

die seinen Gedichten Inbilder eröffnen; Inbilder, die sein Erleben auch für den Leser auf eine tiefere Schicht transparent machen, Bilder, die bei aller Schönheit und Eingängigkeit über sich selbst hinausweisen.
Ein Beleg des Gelingens in den Versen Werner Saemann's ist für mich das kristalline, nachhaltige "Winterrot" vom 30. 10. 2002 :

>Abertausend Lichterpaare
>prächtiges Glaskugelspiel
>wälzt sich aus der großen Stadt
>in das schwarze Hinterland.
>
>Das schluckt und schluckt
>und löscht bis sie verglimmen
>vor ihren Haustüren
>für eine kurze Nacht.

3. Prägnanz, oder : die Dinge auf einen Punkt bringen
Eines der ältesten Anliegen von Poesie ist Weisheit. Weisheit im Sinne eines Schatzes generalisierter Lebenserfahrungen. Gerade solche Weisheit hat immer nach den literarischen Mitteln des Stils gefragt, um so etwas wie Einprägsamkeit, ja : Zitierbarkeit zu erreichen. Solche Dichtung ist zutiefst der Pädagogik, der Didaktik verpflichtet, unfreundlicher gesagt: dem Zeigefinger, wenn nicht dem Zeigestock. Ein Grund dafür, daß ihr in der Moderne eigentlich nur noch da Raum zugestanden wird, wo (im ursprünglichen , umfassenden Sinn des Wortes !) der "Witz", die "Gewitztheit", die Botschaft transportiert.
Humor und Tiefsinn in epigrammatischer Kürze, arrangiert mit den Mitteln von Reim und antithetischem Parallelismus, werden uns beispielsweise mit der zweiten Strophe der "Macher" vom 21.10. 2002 kredenzt :

>(. . .)
>Wir machen Kriege selber.
>Wir lassen es krachen.
>Aber den Frieden - sollen
>bitte die andern machen.

4. Widerhaken , oder : der Stein des Anstoßes
Von Berthold Brecht stammt der (wenn ich mich recht entsinne, in einem Gedicht geäußerte) Gedanke, daß jedem guten Gedicht etwas von einem Widerhaken eigen ist. Daran muß ich ganz unvermittelt denken, wenn mir Werner Saemann's Gedicht vom 26.11.2001 vor Augen steht: "Das bringt nichts"

>das Leben verfressen
>bis der Bauch hängt
>
>das Hirn vertrinken
>bis der Mund lallt
>
>die Luft verrauchen
>bis das Herz zittert
>
>die Menschen benutzen
>als wären sie nichts
>
>die Zeit vertreiben
>bis das Spiel ernst wird
>
>dann beim Doktor um
>ein paar Tage betteln

Ein Gedicht, das in drei Zwei-Zeilern erst einmal das vor Augen führt, was wir im klassischen Sinne mit dem Wort "Sucht" verbinden, um in zwei weiteren auch unseren Umgang mit "Menschen" und "Zeit" der Unvernunft und des Getriebenseins zu überführen. Den beiden Schlußzeilen ist die Intensität des Memento Mori, des Holbeinschen Totentanzes eigen, wobei der kritische Impuls nicht an einer nicht hinterfragbaren Contitio humana zerschellt, sondern sich an dem festmacht, was wir selbst an unserer Vergänglichkeit wenn schon nicht abtun können, so doch auch nicht zutun müssen.

Ich habe ein paar Schlaglichter gesetzt, um das Interesse an der Poesie Werner Saemann's zu wecken oder (wo es schon geweckt ist) wachzuhalten. Es ist natürlich, daß die hier genannten, ja, gerühmten Qualitäten nicht allen Gedichten Werner Saemann's gleichermaßen eigen sind. Ebenso natürlich ist es, daß hier nur ein Teil der Aspekte des Saemann'schen Werkes berührt ist - die Qualitäten des Mundartdichters etwa verdienten eigene Erwähnung und Untersuchung.

Eines hingegen dürfte deutlich geworden sein: die Verse Werner Saemann's sind ein Terrain, auf dem ein Sucher nach Perlen fündig werden kann.

Rüdiger Jung

DANKSAGUNG

Mein erster tief empfundener und herzlicher Dank sei Pastor Rüdiger Jung ausgesprochen, auch für seine freundliche Anteilnahme mit seinem wohlwollenden Geleitwort!
Er hat über Jahre hin meine Schreiberei begleitet und beobachtet. Bis zuletzt, besonders bei der Auswahl für diesen Band, hat Rüdiger Jung, mit seinem großen literarischen Fachwissen und seiner unendlichen Geduld, mir entscheidend geholfen. Er war mir ein strenger, richtender Kritiker und verständnisvoller Freund zugleich - obwohl wir uns noch nie gesehen haben - . Ich stehe tief in seiner Schuld und weiss nicht, wie ich mich gebührend bei ihm bedanken könnte? Ohne seine Hilfe, wäre dieser Band so nicht, oder in qualitativ wesentlich geringerer Form, zustande gekommen.
Selbst mein herzlichstes Dankeschön erscheint mir zu gering und viel zu einfach angesichts der großen Zuwendung, die mir durch ihn zuteil geworden ist.

Mein zweites Wort des Dankes sei Frau Chris Seubert ausgesprochen!

Sie, die Schwiegertochter meines Verlegers, hat durch ihre Korrekturen und Vorschläge wesentlich zur Gestaltung und - wie ich zu hoffen wage - auch zum guten Gelingen dieses Buches reichlich und grundlegend mit beigetragen.
Chris Seubert, meinen herzlichen Dank!

Werner Saemann

ZUM AUTOR

Werner Eduard Saemann,

geboren am 30.12.1935 in Nürnberg, ist - nach einem bewegten Leben - in Sülzfeld bei Bad Rodach im Landkreis Coburg sesshaft geworden.

Das Kriegsende erlebte er in Nürnberg und Insingen bei Rothenburg o.T. Er lernte Dekorateur und Graphiker in Nürnberg und Stuttgart. 1958 trat er in das Studium der Theologie in Neuendettelsau ein (zuletzt Erlangen) mit anschließendem Vikariat und Ordination in Tirschenreuth. 1967 erfolgte die Auswanderung mit der Familie zum Dienst in der "Evangelischen Kirche Lutherischen Bekenntnisses in Brasilien" nach Tres de Maio im Staate Rio Grande do Sul. Wegen eines schweren Verkehrsunfalls mußte die Familie 1972 nach Deutschland zurückkehren. Die weiteren Dienstjahre verbrachte er in Kirchengemeinden in Unter- und Oberfranken, zuletzt im Diakonischen Werk in Coburg. Heute lebt er im "Un"-Ruhestand.

Sein erstes Buch, "DAS BUNTE LEBEN", umspannt 44 Jahre seiner Liebe zu Poesie, Zeichnen, Malen und Musizieren.
Sein zweites, hier vorliegende Buch, "DER ERDE ENTRISSEN", erscheint als reiner Lyrikband.

Werner Saemann ist in Ausgaben der Edition-L, in weiteren Anthologien und einschlägigen Zeitschriften vertreten. Er ist Mitglied der "Interessen-Gemeinschaft-deutschsprachiger-Autoren"(IGdA), des "Autoren-Verband-Franken" (AVF), des "Kunstverein Coburg" und des "Friedrich-Rückert-Kreises Bad Rodach".
In den kommenden Jahren möchte der Autor dem lange gehegten Wunsch nachgehen, sich in Prosa, Bild und Plastik zu vertiefen.